CE VOLUME CONTIENT :

8º Rapport à Mr le ministre de l'Instruction publique sur la bibliothèque de Berne; avec des notices de manuscrits; par Mr Achille Jubinal, Paris 1838.

9º Lettre de Jeanne Darc communiquée à l'académie des Sciences morales et politiques; avec une notice par Mr Berryat St Prix, Paris 1844.

LA VIE ET LES OUVRAGES

DE

WILLIAM CAXTON,

PREMIER IMPRIMEUR ANGLAIS.

Extrait de la Revue Britannique. — Mars 1844.

Déterminer d'une manière précise l'époque où l'imprimerie fut établie chez les différentes nations de l'Europe; indiquer avec certitude chez laquelle de ces nations il faut chercher l'inventeur de cet art qui a exercé une si grande influence sur notre civilisation moderne, ce sont là deux points de l'histoire littéraire encore en litige aujourd'hui, et qui donnent lieu à ces discussions toujours renaissantes.

Sans adopter, dès le principe, une opinion exclusive, si l'on commençait par fixer d'après des documents authentiques la date où chacune des grandes nations de l'Europe a connu et pratiqué l'imprimerie, l'on éclaircirait, si l'on ne résolvait pas entièrement, cette double question.

Quant à la part qui revient à l'Angleterre, il suffit de faire connaître la vie de l'homme qui a imprimé le premier livre dans ce pays, et qui fut non-seulement un habile typographe, mais encore un auteur des plus féconds.

Cette vie, qui ne laisse pas que de présenter beaucoup d'intérêt, se compose de deux parties bien distinctes que nous avons traitées séparément : l'histoire de l'homme, comprenant d'abord tous les faits qui le concernent et que le

1

temps a laissé parvenir jusqu'à nous, ensuite l'histoire des ouvrages dont il est l'auteur ou l'imprimeur. Nous avons dû commencer par l'histoire de l'homme, qu'une particularité rend plus curieuse encore, c'est que beaucoup de faits nous ont été transmis par Caxton, dans les prologues ou les observations qu'il a placées en tête de ses ouvrages.

William Caxton naquit vers 1412 dans la partie boisée du comté de Kent. On ne connaît sur son enfance qu'un détail donné par lui-même : c'est que, malgré les troubles politiques de cette époque, ses parents ne négligèrent pas de lui procurer l'instruction en usage à cette époque. Mais il ajoute « que ce fut malheureusement dans un des lieux les plus rudes et les plus grossiers de l'Angleterre. » On suppose avec raison que Caxton, bien jeune encore, vint à Londres terminer son éducation ; ce qu'il y a de certain, c'est qu'en parlant de cette ville, il la nomme « sa mère, dont il a reçu la nourriture et la vie. »

Environ dans sa dix-huitième année, Caxton fut placé comme apprenti chez un mercier de la Cité, appelé Robert Large, dont le commerce devait avoir une grande importance, puisque, peu d'années après l'entrée de William dans cette maison, le chef fut nommé successivement shériff et lord-maire. Une circonstance particulière prouve que la conduite de Caxton dans cette première partie de sa vie fut honorable et digne d'éloges : c'est que Robert Large, qui mourut en 1441, lui laissa dans son testament une somme de 20 marcs d'argent.

Après la mort de son maître, William Caxton continua le genre de commerce auquel il s'était livré avec succès, et y acquit une grande considération. Choisi par la compagnie des merciers pour être son facteur en Hollande, en Zélande et dans les Pays-Bas, il s'acquitta de cette fonction avec la prudence, l'activité intelligente qui paraissent l'avoir distingué toute sa vie.

Au quinzième siècle, l'état de mercier ne se bornait pas seulement au commerce des marchandises diverses qui font aujourd'hui l'objet de cette profession ; il comprenait encore tous les articles d'ameublement, de luxe, de parure, et même le commerce des manuscrits (1). Il ne faut donc pas être surpris des connaissances que Caxton a déployées dans les différentes branches de littérature cultivées de son temps.

En 1464, Caxton, âgé d'environ cinquante ans, fut désigné au roi d'Angleterre pour être l'un des ambassadeurs ou des députés spéciaux que ce prince envoyait à la cour de Bourgogne pour ratifier le traité de commerce conclu plusieurs années auparavant avec les Pays-Bas. Le mariage que Charles, comte de Charolais, héritier de la maison de Bourgogne, venait de contracter avec Marguerite, fille du roi d'Angleterre, resserrait encore les liens qui unissaient alors ces deux puissances ; l'une et l'autre cherchaient à concentrer dans leurs mains la plus grande partie du commerce de l'Europe.

A cette époque de sa vie, Caxton exerça aussi dans les Pays-Bas la charge de consul pour le commerce d'Angleterre, sous le titre de *maître et gouverneur des marchands de la nation anglaise*. En cette qualité, il résida plusieurs années à Bruges, parce que dans cette ville était située la maison consulaire ; au dernier siècle, on l'y voyait encore ; elle se nommait la *maison des Anglais de Bruges* (2).

(1) En France comme en Angleterre, la corporation des merciers était l'une des plus importantes. Leur commerce consistait en toutes sortes de marchandises de luxe, mais surtout en objets d'habillement. On peut lire dans une pièce de vers français, de la fin du treizième siècle, l'énumération des marchandises tenues par un mercier. Le *Dit d'un mercier* a été imprimé p. 149 des *Proverbes et dictons populaires*, etc., publiés par M. CRAPELET ; Paris, 1831, in-8°. —Voyez aussi sur les *Merciers*, SAUVAL, *Antiquités de Paris*, t. II, article des six corps de marchands.

(2) SANDERUS, vol. II, p. 39, *De Flandria illustrata*, a fait graver cette maison ; cette gravure a été reproduite p. 78, t. Ier de la dernière édition des *Typographical Antiquities* de AMES. Ce que les biographes anglais ont donné comme un doute est devenu un fait certain depuis que M. VAN PRAET, dans sa *Notice sur Colard Mansion, libraire et imprimeur de la ville de Bruges en Flandres, dans le quinzième siècle*, Paris, 1829, in-8°, a cité un extrait du registre des jugements civils

Caxton fut accueilli avec distinction par Philippe le Bon, duc de Bourgogne. Ce prince, sur le déclin de sa vie, était alors au plus haut degré de sa puissance. Il étalait une pompe toute royale, et les magnificences de sa cour l'emportaient de beaucoup sur celle des autres princes ses contemporains. Ainsi, Caxton, dans le *Prologue de l'Histoire de Jason*, imprimée par lui vers 1475, nous parle en ces termes d'une certaine chambre qui se trouvait au château de Hesdin ; « mais je me rappelle bien que le noble duc Philippe, premier fondateur de l'ordre de la Toison-d'Or, fit faire une chambre dans le château de Hesdin, où était peinte avec un soin particulier la conquête de cette toison ; j'ai été dans cette chambre et j'ai vu cette peinture. En souvenir des ruses de Médée et de son savoir, le duc avait fait pratiquer dans cette chambre, avec beaucoup d'art, une machine au moyen de laquelle les éclairs, le tonnerre, la grêle et la pluie étaient simulés à volonté, ce qui procurait un singulier plaisir. » Plusieurs biographes ont avancé que non-seulement Caxton fut accueilli avec faveur par Philippe le Bon et sa belle-fille, la princesse Marguerite, mais encore qu'il exerça dans la maison de cette dernière une charge honorifique comme celle de gentilhomme, et fut employé dans des voyages littéraires. On ne peut rien dire de certain à ce sujet ; seulement, à cette époque de sa vie, Caxton, âgé d'environ soixante ans, avait terminé la traduction des *Histoires troyennes*, composées en français par Raoul Lefèvre, et dédiait son livre à la duchesse Marguerite, qui lui avait demandé d'entreprendre ce travail. Caxton lui-même a pris soin de nous informer de ces diverses circonstances

des échevins de la ville de Bruges, de 1465 à 1469 ; en voici le début : « Comme Daniel, F., Adrien dit Scepheer, Daniel demandeur d'une part, et Jeroneme Vento pour et au nom de Jacques Dorie marchant de Gennes deffendeur d'autre part, se soient soubmis et compromis de toutes les differences qu'ils avoient ensemble, aux sentences, ordonnance et arbitraige de Willem Caxton marchant d'Angleterre, maistre et gouverneur des marchans de la nation d'Angleterre par deçà. » p. 89.

consignées sur le titre du volume ; dans l'introduction, il ajoute à propos de sa personne des détails intéressants : .

« Estimant que chaque homme doit suivre le commandement et l'avis des sages, qui ordonne de fuir l'oisiveté, mère de tous les vices, et pour me livrer à un travail honorable dans un moment où je n'avais pas de grandes occupations, j'avais pris la résolution de lire un ouvrage français qui contenait beaucoup d'histoires étranges et merveilleuses, à la lecture desquelles j'ai pris un grand plaisir. Je fus charmé autant par la nouveauté de la matière que par la beauté du langage, qui était dans une prose savante et harmonieuse. Comme ce livre, écrit en français, n'avait pas encore été traduit en anglais, j'ai pensé faire une œuvre digne d'éloges de l'entreprendre, et qui serait aussi bien accueillie en Angleterre que dans un autre pays. Afin de m'occuper, je résolus de me livrer à ce travail : je pris une plume, de l'encre, et je m'élançai dans la carrière hardiment, comme un coursier courageux. Je commençai à traduire cet ouvrage, connu sous le nom des *Histoires troyennes ;* mais bientôt je me rappelai mon ignorance et mon peu de connaissance des deux langues anglaise et française, car je n'ai jamais été en France ; je suis né et j'ai passé ma jeunesse dans la partie boisée du comté de Kent, où l'on parle, je crois, le plus rude langage de toute l'Angleterre. Voici bientôt trente années que je suis resté presque toujours en Brabant, en Flandre, en Hollande et en Zélande. Toutes ces objections s'étant offertes à mon esprit au moment où j'avais déjà écrit cinq ou six cahiers, je suspendis mon travail avec l'intention de ne plus m'en occuper. Depuis deux années, j'avais entièrement oublié cet ouvrage, quand ma gracieuse souveraine, Marguerite, duchesse de Bourgogne, ayant bien voulu m'appeler pour causer avec moi sur toutes sortes de matières, je lui parlai de ces cahiers délaissés, que, plus tard, je ne craignis pas de lui montrer. Après les avoir examinés, elle me fit quelques observations sur le langage dont je me servais, en me conseillant de l'amender, et m'engagea à terminer la traduction que j'avais com-

mencée. Je ne crus pas pouvoir désobéir au commandement
d'une personne qui m'avait toujours comblé de ses bien-
faits. . . . . »

Il est facile, avec ce prologue, de fixer, d'une manière à
peu près certaine, l'époque où Caxton commença la seconde
partie de son existence, celle qui fut consacrée aux lettres et
à l'art de l'imprimerie. C'est l'année 1464, qui se trouve être
la cinquante-deuxième de son âge, que Caxton devint homme
de lettres. Antérieurement à cette époque, les affaires de son
commerce ne lui laissèrent que peu de loisirs. L'on doit
croire cependant qu'il eut toujours un grand amour pour la
science, et qu'il sut mettre à profit les premières études faites
dans son enfance.

Les goûts littéraires que Caxton apportait à la cour de Bourgogne durent le porter à suivre avec une extrême attention
les essais de l'art de l'imprimerie, qui, à cette époque, et par-
ticulièrement dans les Pays-Bas, commençaient à se multi-
plier. L'une des principales branches de son commerce, la
vente des manuscrits, l'avait mis en rapport depuis longues
années avec les libraires, les enlumineurs, les scribes, enfin
avec tous ceux que ces premiers essais devaient intéresser. Il
est donc facile de comprendre combien l'intelligence active,
élevée, de Caxton, le poussait à s'enquérir de cette nouvelle
découverte, et comment il ne recula devant aucun travail,
aucun sacrifice pour en posséder le secret. D'après les documents que Caxton lui-même nous a laissés sur sa vie, c'est
vers l'année 1468 qu'il fut initié dans l'art typographique.
Voici comment il s'exprime à la fin de sa traduction des
Histoires de Troyes : « Ici je termine ce livre, que je me suis
appliqué à faire le mieux possible, de manière à obtenir un
éloge mérité. A force d'écrire le même ouvrage, ma plume
est émoussée, ma main fatiguée, mes yeux éblouis de rester
fixés sur le papier blanc. Mon application au travail n'est
plus aussi grande, aussi constante qu'elle l'a été; l'âge a
diminué mes forces, affaibli mon ardeur. C'est pourquoi,
comme j'ai promis à plusieurs personnes et à mes amis de

leur adresser cet ouvrage le plus tôt possible, je me suis efforcé d'apprendre, avec beaucoup de peine et de dépenses, les moyens de l'imprimer. Ce livre n'est donc pas écrit avec une plume et de l'encre comme les autres l'ont été; aussi faut-il que chacun ait une grande indulgence, car tous les livres de cette histoire, appelé le *Recueil des histoires de Troyes*, imprimés comme vous le voyez, ont été commencés et finis en un jour. J'ai présenté ce livre à ma très-redoutée dame, qui m'a largement récompensé, etc. »

On ne saurait trop admirer le courageux dévouement de cet homme qui, sur le point d'atteindre sa soixantième année, après avoir accompli dans le commerce une longue et pénible carrière, ne recule devant aucun sacrifice, devant aucune fatigue, pour transporter dans son pays une invention nouvelle, dont il avait certainement deviné toute l'importance.

Caxton était revenu en Angleterre avant 1473. A cette époque, un bien petit nombre de villes en Europe avaient été les témoins des premiers essais de l'imprimerie. Ce n'est pas ici le lieu de faire connaître, même en résumé, les différentes opinions qui ont été soutenues au sujet de l'origine de cet art célèbre; nous nous contenterons de citer les noms des villes où il était déjà cultivé, au moment où Caxton transporta ses presses de Cologne à l'abbaye de Westminster.

Le plus ancien livre imprimé connu jusqu'à présent, portant un nom de ville, d'imprimeur et une date, est le Psautier imprimé par Walter Faust et Schœffer, au mois d'août 1457, à *Mayence*. Il faut donc regarder cette ville comme le berceau de l'art typographique. Le plus bel exemplaire connu de cette Bible est celui qui fait partie de la bibliothèque impériale de Vienne. Il a été trouvé, en 1665, non loin d'Inspruck, dans le château d'Ambras, où l'archiduc Sigismond avait réuni une quantité considérable de manuscrits et de livres imprimés. La plus grande partie de ces ouvrages provenait de la fameuse bibliothèque de Mathias Corvin, roi de Hongrie, qui, plus tard, fut transportée à Vienne. Ce Psautier, dans le format in-folio, est imprimé sur vélin, et avec une telle recherche,

que les six ou sept exemplaires connus en Europe diffèrent
tous les uns des autres. Le Psautier contient cent trente-cinq
feuillets ; les quarante et un feuillets qui restent sont remplis
par des litanies, des hymnes et d'autres prières. Les psaumes
sont imprimés dans un caractère plus gros que les hymnes.
Les lettres capitales sont gravées sur bois avec une finesse et
une élégance remarquables (1).

En 1462, une Bible en images, connue sous le nom de *Biblia
Pauperum*, fut imprimée à Bamberg par les soins d'Albert
Pfister (2).

En 1466, le savant Bemler introduisit l'imprimerie à Augs-
bourg ; il ne publia que deux ouvrages : une Bible latine et
la traduction allemande d'un livre de piété. La même année,
l'imprimerie fut aussi introduite dans le duché de Wurtem-
berg à Reutlingen, et en Italie dans la ville de Rome. Conrad
Sweynheim et Arnol Pannartz, tous deux Allemands d'origine,
eurent la gloire d'imprimer les premiers dans la capitale du
monde chrétien. En 1465, ils avaient exercé leur art à Su-
biaco, dans le royaume de Naples, et donné une édition des
œuvres de Lactance. Dans l'espace de sept ans, ils publièrent
trente-huit ouvrages différents qui composaient un ensemble
de douze mille quatre cent soixante-quinze volumes, nombre
considérable pour cette époque.

En 1469, les deux frères Jean et Windelin de Spire vinrent
s'établir à Venise, et le premier ouvrage qui cette même année sortit de leur presse, fut les *Lettres de Cicéron*. Les frères
Windelin de Spire apportèrent dans l'exercice de leur art une
grande perfection ; la netteté, la précision des types dont ils
se servirent ajoutent encore à la valeur des ouvrages qu'ils
ont imprimés.

(1) Cette Bible, qui a souvent fixé l'attention des bibliographes, a été
décrite avec soin par HEINECKEN, page 262 de : « *Idée générale d'une collection complète d'estampes, avec une dissertation sur l'origine de la
gravure et sur les premiers livres d'images.* » Vienne, 1771, in-8°.

(2) Au sujet de ce livre, voyez aussi Heinecken, *Idée d'une collection
d'estampes*, p. 292.

L'année suivante, on vit l'imprimerie commencer à Cologne, à Milan et à Paris. Conrad Winter l'apporta à Cologne; Antoine Zarot à Milan, Ulrich Gering et ses deux associés, Martin Crantz et Michel Friburger, à Paris. Zarot est considéré par un grand nombre d'écrivains comme l'inventeur des *signatures* (1) et autres indications nécessaires à la reliure des livres. Quant à Gering et à ses associés, ils furent appelés à Paris par Guillaume Fichet et Jean de la Pierre, et ce fut au collége de Sorbonne qu'ils exercèrent leur industrie; Chevillier compte onze ouvrages différents imprimés par eux, et Panzer porte ce nombre à dix-huit (2).

Cette même année 1470, un livre singulier, intitulé *Mammotrectus*, fut imprimé à Berham, et le premier almanach sortit des presses de Martin Ilkus, établi à Bude.

En 1471, l'imprimerie commença à être cultivée dans les villes dont le nom suit : A Strasbourg, par Jean Mentilius; à Florence, par Bernard Cenninus; à Naples, par Sixtus Russinger; à Bologne, par Balthazar Azzoguidi; à Trévise, par Gérard de Lizes; à Ratisbonne, Amberg, Pavie, par Antoine de Carcano; à Spire, par Pierre Drach; à Ferrare, par André Gallus.

En 1472 : à Vérone, par Jean de Vérone; à Parme, par Etienne Corali; à Mantoue, par George et Paul de Burschbach; à Derventer, par Richard Pafradius; à Padoue, par Barthélemy de Zachio; à Alost, en Flandre, par Théodore Martens.

En 1473 : à Brescia, par Thomas Ferrandus; à Messine, par Henri Alding; à Ulm, par Jean Zarner de Reutlingen; à Buda, par André Hess; à Langingen, Merseburg, par Lucas

(1) C'est le nom qu'on donne en typographie aux lettres ou aux chiffres placés à la fin de chaque cahier ou feuille d'un volume, et qui doivent en faciliter l'assemblage et la reliure. Voyez, au sujet des *signatures*, un opuscule de l'abbé de Maroles, intitulé : *Recherches sur l'origine et le premier usage des registres, des signatures, des réclames et des chiffres des pages dans les livres imprimés*. Paris, 1783, in-8°.

(2) *L'Origine de l'imprimerie de Paris*, etc., etc., par Chevillier, Paris, 1694, in-4°.

Brandis; à Utrecht, par Nicholas Ketelaer et Gerart de Lempt; à Lyon, par Barthélemy Buyer; à S. Ursio, petite ville près de Vicenze, par Jean de Rhené; à Bruges, par Colard Mansion.

En 1474 : à Valence, en Espagne, par A. F. de Cordoue et E. Palmart; à Vicence, par Léonard Achatès; à Come, par Ambroise de Orcho et Denis de Paravicino; à Turin, par Jean Sabri et Jean de Pierre; à Gênes, par Mathieu Morave et Michel de Monacho; à Savone, par Jean Bon; à Eslingen, par Conrad Fyner; à Basle, par Bernart Richel et Barthold Rodt; à Louvain, par Jean de Westphalie.

Du rapide tableau qui précède, il résulte que l'imprimerie, découverte à Mayence, se répandit d'abord dans quelques villes d'Allemagne et des Pays-Bas; de là fut connue à Paris, à Rome, à Venise, et dans plusieurs autres cités de l'Italie.

Caxton nous apprend lui-même qu'il n'était jamais venu en France; il n'alla pas non plus en Italie; c'est donc en Allemagne et dans les Pays-Bas qu'il s'instruisit dans l'art de l'imprimerie. A Mayence, il rencontra Guttemberg, Faust et Schœffer. Colard-Mansion, à Bruges, l'aida de ses conseils et de ses lumières; enfin, Ulrich Zel, de Cologne, fut probablement son maître, et celui qui l'initia aux secrets de son art: au moins est-il certain que les premiers ouvrages imprimés par Caxton, soit à Cologne, soit à Londres, le sont avec les mêmes caractères que ceux qui furent employés par Zel, en 1467, dans un ouvrage extrait de saint Augustin, et intitulé: *De singularitate clericorum.* C'est donc aux premiers inventeurs de l'imprimerie que Caxton doit la connaissance de cet art; c'est d'eux qu'il a emprunté ces caractères semi-gothiques, minces et un peu tremblés, qui distinguent les ouvrages sortis de ses presses. De retour dans sa patrie, Caxton trouva un zélé protecteur dans la personne de Thomas Milling, évêque d'Hereford et abbé de Saint-Pierre, qui mit à sa disposition une petite chapelle de l'abbaye de Westminster où il put s'établir. D'après la tradition, cette chapelle, dédiée à sainte Anne, était attenante à l'*Aumônerie* construite par Marguerite, mère de Henri VII. Le nom d'*Aumônerie* avait été aussi donné à la chapelle, parce que l'abbé y faisait habituellement ses générosités aux pauvres. Elle se trouvait dans un endroit isolé, loin des autres corps de logis, et dans une position favorable au travail. C'est là que William Caxton passa les dernières années de sa vie, se livrant avec une incroyable activité à la merveilleuse industrie dont il venait de doter l'Angleterre. On assure qu'il avait eu le bonheur de conserver son père, et que ce dernier put jouir encore des succès dont l'entreprise de son fils fut couronnée.

Caxton lui-même vécut jusqu'à un âge fort avancé. L'époque de sa mort doit être fixée à l'année 1471, d'après une note manuscrite que des hommes dignes de foi avaient communiquée au bibliographe *Ames*, et qui était ainsi conçue : « Dans votre charité, priez pour l'âme de maître William Caxton, qui fut dans son temps un homme d'une grande science et d'une grande prud'hommie, et qui est mort chrétiennement l'an de Notre-Seigneur MCCCCLXXXXI (1491). »

Cette note est confirmée d'ailleurs par les comptes des marguilliers de la paroisse de Sainte-Marguerite de Westminster, qui commencent au 17 mai 1490, et se terminent au 3 juin 1492. On y trouve les deux mentions suivantes :

Item, aux obsèques de maître Caxton, pour torches et flambeaux. . . . . IIII sous II deniers.

Item, aux obsèques de William Caxton, pour IIII torches. . . . . VI sous VIII deniers.

Item pour cloches. . . . . VI deniers.

Par le même compte, on voit que Caxton avait légué à sa paroisse plusieurs des ouvrages de piété qu'il avait imprimés.

Caxton mourut donc âgé de quatre-vingts ans, avec la réputation d'un ouvrier très-habile dans son art, et d'un véritable homme de bien. Après sa mort, cette belle réputation, loin de diminuer, ne fit que s'accroître. Philosophes, chroniqueurs ou poëtes, s'empressèrent de rendre hommage au père de l'imprimerie anglaise, et ses biographes ont pu recueillir plusieurs pages empruntées aux écrivains de toutes sortes, qui, depuis la fin du quinzième siècle jusqu'au dix-huitième, ont payé à Caxton leur tribut d'admiration. Au milieu de ce concert unanime, une seule voix s'est élevée, réclamant pour d'autres personnes la plus grande part de cette gloire attribuée jusque-là sans partage à Caxton. Richard Atkins, dans un ouvrage écrit en anglais et imprimé à Londres en 1664 (1), revendiqua l'honneur d'avoir introduit l'imprimerie en Angleterre pour le roi Henri VI et son favori Thomas Bourchier, archevêque de Cantorbery. S'il fallait ajouter foi aux assertions d'Atkins, Henri VI, conseillé par Bourchier, aurait envoyé à Harlem plusieurs personnes, et Caxton entre autres, qui se seraient emparés moitié par force, moitié en lui assurant un salaire considérable, d'un habile ouvrier typographe formé par Coster, et nommé *de Corsellis.* Ce dernier serait venu s'établir à Oxford, et, dès l'année 1468, y aurait imprimé un petit volume in-4°, ayant pour titre: *Expositio sancti Jeronimi in Symbolum Apostolorum.* Un exemplaire de cet ouvrage, faisant partie de la bibliothèque de Cambridge, servait de preuves à l'appui de l'assertion nouvelle d'Atkins. En effet, le livre existe avec cette suscription: *Explicit exposicio, etc., impressa Oxonie, et finita anno Domini 1468, xvij die decembris.* Le récit composé par Atkins, et qui ne laissait pas que d'offrir certaines circonstances singulières, incroyables même, trouva, malgré tout, quelques partisans. Mais, en 1735, le docteur Middleton, connu dans la république des lettres par une Vie de Cicéron, prouva d'une manière évidente que la proposition d'Atkins ne reposait sur aucune base solide; que le livre d'Oxford ne datait que de l'année 1478, et que Caxton devait toujours être considéré comme le premier des imprimeurs anglais (2).

Quand on étudie la vie littéraire de Caxton, ce qui surprend

(1) Voici la traduction du titre de cet ouvrage : *Origine et progrès de l'imprimerie, recueillis de l'histoire et des actes de ce royaume, où l'on démontre que l'imprimerie est une prérogative royale et un fleuron de la couronne d'Angleterre;* par Richard Atkins, écuyer. Londres, 1664, in-8°.

(2) Le livre de Middleton a été traduit en français sous le titre suivant:

d'abord, c'est le grand nombre d'ouvrages que, dans l'espace de quinze à vingt années, il publia non-seulement comme imprimeur, mais encore comme traducteur. Jaloux, avant toutes choses, de répandre le langage de sa patrie, il s'est appliqué à faire passer dans ce langage les livres qui, à l'époque où il vivait, jouissaient d'une certaine réputation en France d'abord, et aussi dans les autres pays de l'Europe. Il a mis dans ce travail une haute intelligence jointe à une incroyable célérité. Par exemple, une année lui suffisait pour traduire plusieurs ouvrages qui devaient former chacun un épais volume in-folio. Quant à l'impression, en cinq mois Caxton produisait un volume petit in-folio d'environ quatre cent cinquante feuillets, c'est-à-dire neuf cents pages. Et quand on pense que chaque page, souvent divisée en deux colonnes, est composée de caractères gothiques serrés les uns contre les autres, on comprend toute l'étendue d'une pareille tâche. Afin qu'on puisse mieux juger de l'importance des ouvrages que Caxton a popularisés, soit en les faisant passer de la langue française dans la sienne, soit en les imprimant, voici le catalogue raisonné des uns et des autres, en commençant par les ouvrages qu'il a traduits et imprimés. Ces ouvrages sont au nombre de vingt-quatre, et peuvent se diviser en trois classes : les romans de chevalerie, les livres religieux, moraux ou scientifiques, les orateurs et poëtes anciens et modernes. Examinons d'abord les romans de chevalerie :

1. *The Recuyel of the histories of Troyes.* Sur le recto du premier feuillet on lit :

« Here begynneth the volume intituled, and named the
» Recuyell of the historyes of Troyes, composed and dra-
» wen out of diverse bookes off latyn into frenshe, by the
» ryght venerable persone and worshiphul man Raoul
» Le Fèvre, preest and chapelayn unto the right noble
» glorious and myghty prynce in his tyme, Phelip duc of

Dissertation sur l'origine de l'imprimerie en Angleterre, traduite de l'anglais du docteur Middleton; par D. G. Imbert, Londres, 1775, in-8°.

» Boûrgoyhe of Brabant etc. in the yere of the Incarnation
» of our Lord God a thousand foure honderd sixty and
» foure, and translated and drawn out frensshe into englis-
» she by William Caxton mercer of the cyte of London, at
» the comaundement of the ryght hyemyghty and verluose
» pryncesse hys redoubtyd lady Margarite; by the grace
» of god Duchesse of Burgoyne of Lotryk; of Brabant, etc.
» Whyche sayd translacioh and werke was begone in Bru-
» ges, in the countee of fflandrès; the fyrst day of marche,
» the yere of the incarnacion of our said Lord God a thou-
» sand four honderd syxty and eyghte. And ended and
» fynisshed in the holy cyte of Colen; the xix day of sep-
» tembre; the yere of our sayd Lord God a thousand four
» honderd sixty and eleven. »

[Ici commence le livre intitulé le *Recueil des histoires de Troyes*, composé en français à l'imitation de divers ouvrages latins, par très-excellente, vénérable et respectable personne Raoul Lefevre, prêtre et chapelain de très-noble, très-glorieux et redoutable prince, en son vivant Philippe duc de Bourgogne et de Brabant, etc. etc. dans l'an de l'Incarnation de nostre Seigneur Dieu, mil quatre cent soixante-quatre. Il a été traduit de français en anglais par William Caxton mercier de la ville de Londres, et d'après le commandement de très grande, très vertueuse et redoutée princesse Marguerite duchesse de Bourgogne et de Brabant. Cette traduction a été commencée à Bruges en Flandres, le premier jour de mars de l'année de l'Incarnation de notre Seigneur mil quatre cent soixante huit, et terminé dans la vieille cité de Cologne, le xixᵉ jour de septembre de l'année de notre Seigneur mil quatre cent soixante et onze.]

Cet ouvrage est l'un des premiers que Caxton ait imprimés. Nous avons cité plus haut les prologues qu'il a joints à sa traduction, dans lesquels il donne sur sa vie des détails remplis d'intérêt. En choisissant pour son début dans la double carrière et d'imprimeur et d'homme de lettres, le Recuel des Histoires de Troyes, sans aucun doute, Caxton cédait au goût dominant de son époque. Pendant tout le moyen âge, l'histoire de cette cité célèbre ne cessa pas d'être un sujet populaire, et donna lieu à plusieurs compositions romanesques. Bien que la tradition des livres d'Homère ne fût pas entièrement perdue, ce n'était ni l'Iliade ni l'Odyssée qui servaient de modèle à ces compositions, mais une longue chronique en prose latine, écrite vers la fin du douzième siècle, sous le pseudonyme de *Darès le Phrygien* et de *Dictys de Crète*. Ces deux auteurs, l'un Troyen, l'autre Grec, prétendaient avoir été témoins de la ruine d'Ilion. Leur récit devait, par conséquent, l'emporter sur celui d'Homère, qui n'était venu que long-temps après eux. Cet ouvrage, imité dès qu'il parut par des trouvères français, ne tarda pas à jouir dans toute l'Europe d'une grande célébrité. Encore augmenté au commencement du treizième siècle par Guy de Colonne, jurisconsulte de Messine, cet ouvrage devint la source de maints récits qui eurent pendant le moyen âge un succès populaire. A la fin du quinzième siècle, la prose française commençait à l'emporter sur ces longs romans en vers monorimes, qui pendant plusieurs siècles avaient charmé nos aïeux. Alors on tourna dans cette prose les plus célèbres de ces anciens romans. Tel est le travail exécuté en 1484 par Raoul Lefèvre, chapelain de Philippe le Bon, duc de Bourgogne, et que Caxton s'est appliqué à reproduire avec fidélité. Dans son prologue, il parle de la *beauté du langage* employé par l'auteur français. Sans être juste dans toute l'acception que nous donnerions aujourd'hui à ce mot, un pareil éloge ne manque pas cependant de quelque vérité. L'on ne peut nier que Raoul Lefèvre n'ait souvent at-teint dans sa prose un certain degré de force, de précision, qui n'est pas sans beauté.

Voici comment Hercule annonce au voleur Cacus qu'il va le punir de tous ses crimes : « Quant Hercules vist le grant » trou que la racchine de l'arbre avoit fait, il en fut moult » joyeux et dist : Vrayment, c'est icy que le grant larron de- » meure, il faut veoir s'il y est et quelz marchans y habitent. » En disant ces paroles, Hercules s'abaissa et regarda à ung

» bout de la cave, il vit Càcus. Sitôst qu'il vist le larrcn il le
» recôgnéut, dont il fut plus joyeulx que devant et lui escria:
» Càcus, je te voy : tu par cy devant as troublé les règnes d'Es-
» perie par innombrables delitz que faisoies publiquement et
» en appert ; ce fut là cause de la perdicion de ta signourie.
» Maintenant tu troubles les Italies par tyrannies mucées, cou-
» vértes et inconnues. Je congnois ta vie, tu ne la peulz nier
» ne ignorer. Il faut que tu meures et que je fasse franches les
» Italies de tes énormes larrecins. O malheureux homme cy ne
» te peuvent secourir tes couronnes, tes dyadèmes, tes cep-
» tres, tes bruiz et tes honneurs royaulx. Et pourquoi ? Certes
» pour ce que tu es envieilly en tes pechiez, et ne les amende
» ne corrige pour pugnicion ne pour peine que tu ayes en-
» duré, ne soufferte. Ainçois, en lieu de donner qui appar-
» tient à roys et à princes tu as esté larron, en lieu de faire
» justice tu as esté murdrier et bouteur de feu, et en lieu de
» garder et sauver les femmes tu les as villonnées, ô chétif
» roi ! sans toy gehiner ne conjurer. »

Nous ne pouvons faire ici l'analyse du *Recueil des histoires
de Troyes :* nous dirons seulement qu'on y trouve, outre le
récit détaillé du siége, de la prise et de la destruction de
cette célèbre cité, celui des aventures diverses de ces anciens héros de la Grèce et de l'Asie dont l'antiquité avait fait
des demi-dieux et que les Grecs ou les Troyens regardaient
comme les premiers fondateurs de leur nation. Si l'on se
rappelle combien a été répandue, pendant le moyen âge, la
croyance que les enfants bannis d'Ilion fondèrent les prin-
cipaux états de l'Europe, on ne sera pas surpris de la grande
renommée dont jouissait l'œuvre bizarre du chapelain de
Philippe le Bon (1).

(1) Les biographies générales ou particulières ne renferment aucun détail sur la vie de Raoul Lefèvre, qui n'est connu que par son titre de
chapelain des ducs de Bourgogne. Dans les *Mélanges tirés d'une grande
bibliothèque,* t. VIII (vol. H), on trouve une analyse détaillée des trois
ouvrages de Raoul Lefèvre. M. Paulin Paris, dans son travail sur les
Manuscrits français de la Bibliothèque du Roi, leur histoire, etc., 5 vol.

2. *A boke of the hoole lyf of Jason.* (Un livre de la fameuse vie de Jason), 1 vol. in-folio, gothique, sans date, que l'on suppose avoir été imprimé en 1475. Le texte est imprimé sur une seule ligne; il y en a vingt-neuf sur chaque page. C'est encore Raoul Lefèvre qui a fourni à Caxton le sujet de cet ouvrage. A bien prendre, ce n'est qu'un grand épisode des histoires de la chute de Troyes. Ce récit particulier de l'expédition des Argonautes, de la fameuse conquête qui en fut le résultat, a été composé à propos de l'établissement par Philippe le Bon de l'ordre chevaleresque de la Toison d'Or. Nous avons eu l'occasion plus haut de citer un curieux passage du prologue dont Caxton a fait précéder sa traduction, dans lequel il parle de cette chambre merveilleuse d'Ariane, qu'il avait été admis à visiter au château de Hesdin.

3. *The hystorye of Kynge Blanchardyne and queen Eglantyne hys wyfe* (L'histoire du roi Blanchardin et de la reine Eglantine, sa femme). In-folio.

4. « *The history of the noble and ryght valyaunt and » worthy knyght Parys and of the fayr Vyenne,* translated out » of frensshe into Englisshe by William Caxton of West- » mestre, fynyshed the last day of August, the yere of our » lord MCCCCLXXXV, and enprynted the XIX day of de- » cember the same yere, and fyrst yere of the regne of » kyng Harry the Seventhe. (*Histoire du noble, vaillant et hardi chevalier Paris et de la belle Vienne*), traduit du français en anglais, par William Caxton de Westminster, achevé le dernier jour d'août de l'année de Notre-Sei-

---

in-8°, a fait connaître les différents manuscrits des Histoires troyennes conservées dans cet établissement. (Voyez t. I, p. 66; t. II, p. 275 et suiv.; t. V, p. 376.) Dans ce dernier volume, M. Paris a constaté un fait curieux; c'est que Lefèvre aurait emprunté une grande partie de son travail à l'évêque de Tournay, Guillaume Fillastre, son prédécesseur dans la charge de chapelain du duc de Bourgogne. Pour la bibliographie complète des ouvrages de Lefèvre il faut consulter L. Hain, *Repertorium Bibliographicum, etc. etc.,* vol. II, p. 376. — Brunet, *Manuel du Libraire,* IVᵉ édition, t. III, p. 76.

2

gneur MCCCCLXXXV (1485), imprimé le dix-neuvième jour de décembre de la même année, là première du règne de notre roi Henri VI (1 vol. petit in-folio imprimé à deux colonnes, avec des lettres initiales et un dernier feuillet blanc). »

Ces deux romans, composés dans le goût dominant de l'époque, c'est-à-dire dans le genre amoureux, avaient l'un et l'autre une grande célébrité; écrits en français, ils furent traduits dans présque toutes les langues de l'Europe. Caxton, en les faisant connaître à l'Angleterre, avait pour but d'y répandre deux ouvrages très-admirés principalement en France; d'ailleurs, il cédait aux instances de personnages illustres qui lui avaient demandé ce travail. Ainsi le roman de Blanchardin fut composé à la sollicitation de Marguerite, duchesse de Sommerset, mère du roi Henri VI. Quant à celui de Paris et de Vienne, le succès qu'il avait obtenu justifiait la préférence que Caxton lui avait donnée sur d'autres ouvrages du même genre (1).

5. « The lyf of Charles the Great. Fynysshed in the redu-
» cyng of it into englysshe the XVIII day of juin, the se-
» cond yere of kyng Rychard, the thyrd and the yere of our
» lord MCCCCLXXXV, and enprynted the fyrst day of de-
» cember, the same yere of our Lord, the fyrst yere of kyng

(1) Cet ouvrage, dont l'original paraît avoir existé en provençal, fut traduit en français, l'année 1432, par un Marseillais nommé *de la Sippade*. Imprimé pour la première fois à Anvers par Gérard de Leeu en 1487, il eut dans le cours du seizième siècle un grand nombre d'éditions. Outre la version anglaise de Caxton citée plus haut, une autre version italienne avait été imprimée en 1482 (Brunet, *Manuel du libraire*, t. III, p. 15) En 1835, un ami éclairé de notre vieille littérature (M. Alfred de Terrebasse) a publié une édition du texte français d'après les manuscrits de la Bibliothèque royale (*Histoire du chevalier Paris et de la belle Vienne*, nouvelle édition. Paris, Crozet, 1835, in-8°). Quelle qu'ait été autrefois la renommée de ce petit roman, nous penchons à croire qu'en le réimprimant, l'historien de Bayard a été inspiré par une sympathie dauphinoise pour la belle Vienne encore plus que par une curiosité purement bibliographique,

» Harry the seventh. Explicit per William Caxton. (*La vie de Charles le Grand*, achevé d'être traduite de français en anglais ; le dix-huitième jour de juin, la seconde année du roi Richard III, et l'an de Notre-Seigneur 1485. Imprimé le premier jour de décembre de la même année de Notre-Seigneur, la première du règne de Henri VII. »

La grande renommée dont jouissaient encore à la fin du quinzième siècle les romans consacrés à célébrer les exploits de Charlemagne, devait engager Caxton à les faire connaître à ses lecteurs habituels ; mais il eut soin de choisir une des compilations les plus célèbres, dans laquelle ces exploits étaient racontés, et ce fut à la traduction française du *Miroir historial de Vincent de Beauvais* qu'il emprunta son récit. De plus, il ne manqua pas de mettre au premier rang Richard, duc de Normandie, connu sous le nom de *Richard sans peur*, dont les romanciers ont fait le compagnon et l'émule des Roland et des Olivier. Cet instinct de supériorité nationale est naturel à tous les peuples ; il se retrouve dans la littérature de chacun d'eux à des époques différentes. Caxton, d'ailleurs, en choisissant cette version de l'histoire romanesque de Charlemagne était mu par une pensée plus noble que celle d'un étroit patriotisme. Il espérait engager les princes chrétiens à faire trêve aux querelles qui les divisaient, et à se réunir dans une nouvelle croisade contre les Turcs, qui ne cessaient d'augmenter leurs conquêtes en Europe. En effet, depuis 1453, époque où Constantinople avait succombé sous les efforts de Mahomet II, la domination des infidèles s'étendait sans cesse. Dans le prologue qui précède son ouvrage et qu'il adresse à l'un de ses amis particuliers (Henri Bolonyer, chanoine de Lausanne), Caxton cherche à ranimer le zèle à peu près éteint des guerriers chrétiens pour les croisades. Déjà plusieurs années auparavant il avait exprimé ce vœu dans l'introduction d'un ouvrage qui compte aujourd'hui au nombre des compositions romanesques, mais qui était regardé comme une histoire véritable à l'époque où Caxton écrivait ; voici le titre de cet ouvrage :

« *Godefroy of Boloyne* ; or the last siege and conqueste of
» Jerusalem. Fynysseh the VII day of juyn, the yere of our
» Lorde MCCCCLXXXI, and the regne of our said souverayn
» kyng Edward the fourth. And in this maner, sette in
» forme and emprynted the XX day of novembre, the yere
» aforsayd, in thabbay of Westmester, by the said Wylliam
» Caxton. » (*Godefroy de Bouillon*, ou le siége et la conquête
de Jérusalem, achevé le septième jour de juin, l'année de
Notre-Seigneur 1481, et du règne de notre souverain le
roi Edouard, la quatrième. Mis sous presse le vingtième
jour de novembre de cette année, dans l'abbaye de Westminster, par William Caxton). 1 vol. in-fol. goth., composé
de 146 feuillets.

Caxton, après avoir exposé que les grandes actions des
David, des Josué, des Judas Machabée, celles d'Alexandre,
de Jules César et des autres héros du paganisme, ont été le
sujet de compositions diverses, après avoir dit qu'une multi-
tude de volumes étaient consacrés aux récits des exploits
d'Arthur, de Lancelot du Lac, de Gauvain, de Charlemagne,
de Roland, d'Olivier et des autres, déplore avec raison que
les véritables faits d'armes accomplis par Godefroi de Bouillon, écrits en latin et en français, et composant d'épais volumes, ne soient pas encore connus en Angleterre, contrée
voisine du lieu où ce héros était né ; puis il continue en ces
termes : « J'ai dernièrement trouvé cette histoire dans un
livre français qui contient tout le récit des grandes actions,
de la vaillance et des vertus de cet homme illustre. J'ai
cru y remarquer une ressemblance parfaite avec les événements qui chaque jour se passent sous nos yeux, avec ces
entreprises continuelles des Turcs et autres mécréants contre
la chrétienté, entreprises bien plus menaçantes aujou.d'hui
que du temps de Godefroy de Bouillon ; car à cette époque
les Turcs avaient déjà fait plusieurs conquêtes sur les chrétiens, mais ils n'avaient pas abattu le bras de saint Georges à
Constantinople, et foulé aux pieds ce rempart de la foi catholique ; aujourd'hui cela est arrivé : ils ont dépassé et

conquis la cité impériale de Constantinople et beaucoup d'autres pays, au grand dommage et à la honte de toute la chrétienté, et de tous les princes qui par leur peu de résistance ont manqué à leur devoir... En lisant cette belle histoire de Godefroy de Bouillon, qui n'est pas une fable inventée à plaisir, mais qui est complétement véritable, je me rappelle aussi la grande puissance du Turc, cet irréconciliable ennemi de la foi catholique, cet usurpateur de maints royaumes. L'année dernière, il a osé mettre le siége devant la citadelle de l'île de Rhodes, mais il a été vaillamment repoussé. Aujourd'hui, il approche encore ; il vient de s'emparer d'Otrante en Pouille, et menace ainsi tout le royaume de Naples ; de là, s'il ne trouve aucune résistance, il entrera dans Rome, après avoir conquis l'Italie. C'est pourquoi je regarde comme indispensable que tous les princes chrétiens fassent entre eux la paix, et contractent ensemble une alliance pour résister à cet ennemi et défendre notre foi et notre mère commune, l'Eglise. Il faut reconquérir la Terre-Sainte et la sainte cité de Jérusalem où notre Sauveur a bien voulu verser son sang pour notre rédemption : il faut imiter l'exemple de Godefroy de Bouillon et de ceux qui combattaient avec lui. Dans le but d'y exhorter tous les princes chrétiens, les lords, les barons, les chevaliers, les gentilshommes, les marchands et jusqu'aux simples habitants de ce royaume, du pays de Galles et de l'Irlande, j'ai entrepris de traduire ce livre de la conquête de Jérusalem, du français dans ma langue maternelle... » Sans aucun doute Caxton s'exagérait un peu l'influence que son ouvrage pouvait exercer sur les événements politiques de son époque ; mais on ne peut méconnaître toute l'élévation, toute la grandeur de sentiment qui éclatent dans ce prologue. Jamais un homme de lettres dans aucun temps n'a donné un plus noble but à ses travaux. L'on ne saurait trop admirer l'esprit et l'habileté de Caxton, qui, forcé par le goût dominant de son siècle de reproduire des romans de chevalerie, donne la préférence à ceux de ces romans qui pouvaient concourir à l'accomplissement d'actions nobles et saintes.

Malgré l'étendue des romans de chevalerie que Caxton a traduits et imprimés, ces ouvrages ne forment qu'une bien petite partie de ceux qui sont dus au zèle infatigable de cet écrivain.

Il fit encore connaître à l'Angleterre plusieurs livres de piété, de haute morale ou de science, qui jouissaient, à l'époque où il vivait, d'une grande renommée. Voici les plus remarquables :

1. « *The Game and Playe of the Chesse*; translated out of » the french and imprynted by William Caxton; fynisshed » the last day of Marche, the yer of our Lord God a thou- » sand foure hondred and Lxxiiij. » (Le Jeu des Échecs, traduit du français et imprimé par William Caxton, fini le dernier Jour de Mars, l'an de notre Seigneur mil quatre cent soixante quatorze.)

Tel est le titre du second ouvrage auquel Caxton a consacré ses veilles, et qui est considéré comme le premier volume sorti des presses d'Angleterre. C'est un petit in-folio en caractères gothiques, composé de soixante-douze feuillets. Il contient quatre parties : la première partie, divisée en trois chapitres, traite de l'invention du jeu des échecs ; la seconde partie, divisée en cinq chapitres, parle des personnages nécessaires à ce jeu ; la troisième, qui a huit chapitres, est relative aux différentes classes d'hommes dont le peuple se compose ; enfin, la quatrième ayant aussi huit chapitres, explique le but auquel chacune de ses classes doit essayer d'atteindre. Caxton a dédié son livre au duc de Clarence, comte de Warwick et de Salisbury, auquel il s'adresse de la manière suivante : « Très-haut très-puissant et redouté prince : sachant combien vous ayez à cœur l'intérêt de notre sire, de sa noblesse et de tous ceux qui vivent dans ce royaume, combien vous verrez avec plaisir les habitants s'instruire de ce qu'il y a de juste, et s'avancer dans la pratique de la vertu et des bons usages dont votre noble personne sait leur offrir un si grand exemple, j'ai pensé qu'il était de mon devoir de traduire de français en anglais, un petit livre dernièrement tombé entre

mes mains. J'y ai trouvé les sentences, les dits et les histoires des anciens docteurs, philosophes, poëtes et autres
hommes sages ; moralisés suivant le *Jeu des Échecs* ; lequel
livre, mon très-redouté seigneur j'ai osé placé sous votre pro-
tection... »

L'entreprise de Caxton paraît avoir été couronnée d'un
plein succès, puisque, l'année suivante, il publia une seconde
édition de ce livre. Dans le prologue, il désigne l'auteur
français comme un excellent docteur en théologie du royaume
de France, de l'ordre des Hospitaliers de Saint-Jean de Jérusalem. Ce qui s'applique parfaitement à *Jehan de Vignay*,
dont le livre de moralités sur le jeu des échecs a joui pendant
le moyen âge d'une grande réputation.

2. « *The golden Legende.* — Accomplisshed at the com-
» maundemente and requeste of the noble and puys-
» sainte erle, and my special good lord, Wyllyam erle of
» Arondel ; and fynysshed at Wesmestre, the twenty day
» of november, the yere of our Lorde MCCCLXXXIIJ, and
» the fyrst yere of the reygne of king Rychard the thyrd,
» by me Wylliam Caxton. » (La *Légende dorée*, composé
à la requête de noble et puissant comte, et en particulier
mon bon seigneur, Guillaume d'Arondel. Achevé à Westminster le trentième jour de novembre l'An de notre Seigneur MCCCCLXXXIII (1483) et la premiere année du règne du roi Richard le troisième, par moi Caxton.) 1 vol.
in-fol. goth.

L'auteur a donné dans sa dédicace et son prologue quelques détails curieux sur la composition de cet ouvrage :
« Comme ce travail était considérable, dit-il, et fort onéreux
pour moi, j'ai hésité quelque temps à continuer la traduction
que j'avais commencée. Désespérant de jamais pouvoir finir,
j'avais entièrement abandonné cet ouvrage, quand je cédai aux
instances du puissant et vertueux comte d'Arondel, qui me
força presque à m'en occuper de nouveau. Il me promit d'en
acheter un bon nombre d'exemplaires aussitôt que je l'aurais
terminé, et m'envoya un honorable gentilhomme attaché à sa

maison, appelé Jean Stanney, qui me conjura au nom de son maître de terminer ce travail. Il me promit une bonne récompense pour toute ma vie, c'est-à-dire un daim en été et un autre en hiver ce qui m'a rendu fort content. C'est pourquoi, obéissant aux ordres de mon seigneur, je me suis empressé de mettre la dernière main à cette traduction, et de l'imprimer avec la plus grande rapidité possible. Je présente ce livre à mon noble seigneur, qui est cause que je l'ai fini, en le priant de prendre en gré William Caxton, son pauvre serviteur, et de ne pas oublier la récompense promise. » Cette dédicace est suivie de deux tables ; la première contient l'indication des histoires dans l'ordre où elles se trouvent ; la seconde est alphabétique. Vient après une gravure en bois représentant le ciel et les saints groupés au milieu ; puis commence le prologue de Caxton, dans lequel il parle d'un grand nombre d'auteurs qui ont déclamé contre la paresse. « C'est pourquoi, dit-il, après avoir composé différentes histoires traduites du français en anglais à la requête de plusieurs lords, ladies ou gentilshommes, par exemple : le *Recueil des histoires de Troyes*, le *Livre des échecs*, l'*Histoire de Jason*, le *Miroir du monde*, les *Quinze livres des métamorphoses*, la *Conquête de Jérusalem*, j'ai cherché quel ouvrage je pourrais placer après ceux-là, et j'ai pensé qu'il serait bon de traduire en français la Légende des saints. Plusieurs personnes ont objecté contre moi qu'il existait déjà une légende en français, une autre en latin, et une troisième en anglais ; mais elles sont différentes, et plusieurs histoires qui se trouvent dans les deux premières versions ne se rencontrent pas dans la troisième, ce qui m'a engagé à écrire ce livre. J'ai composé avec ces trois ouvrages une légende en anglais, dans laquelle je n'ai fait entrer que ce qui m'a paru nécessaire. » Il résulte de ce témoignage formel, que la Vie des saints, écrite par Caxton, est un ouvrage original, auquel la fameuse Légende dorée de Jacques de Voragine a servi de modèle, mais qui a été modifié suivant les goûts et les usages du culte catholique anglais antérieur à la réforme. Par exemple, la vie de saint George se termine ainsi : « Ce glorieux et saint martyr saint Georges, patron de ce royaume d'Angleterre, soutien des hommes de guerre, en l'honneur duquel a été fondé l'ordre de la Jarretiere et son noble collège, dans le château de Windsor par les rois d'Angleterre. C'est là qu'est déposé le cœur du saint donné au roi Henri V par Sigismond empereur d'Allemagne, et chevalier de l'ordre. On y trouve aussi une partie de sa tête. Ce collége a été fondé en l'honneur de Dieu et du glorieux martyr Monseigneur saint Georges. »

3. « The *Pylgremage of the Sowle*; translated out of the » frensshe into englisshe, with somewhat of addicions, » the yere our Lord MCCCC and thyrtheen, and endeth » in the Vigyle of seynt Bartholomew. Emprynted, by » William Caxton, and fynysshed the sixth day of juyn » in the yere our Lord MCCCCLXXXIII, and the fyrste yere » of the regne of kinge Edwart the fyfth. » (*Le Pèlerinage de l'Ame*, traduit du français en anglais, avec quelques additions, commencé l'An du Seigneur 1473, achevé dans la vigile de saint Barthélémy. Imprimé par William Caxton, et terminé le sixième jour de Juin de l'année de notre Seigneur 1482, et la première du règne d'Edouard V.) 1 vol. in-folio.

4. « *The Doctrinal of Sapyence*, translated out of frens- » she into Englysshe by Willyam Caxton at Westmestre, » fynyshed the VII days of May, the yere of our Lord » MCCCCLXXXIX. Caxton me fieri fecit. » (Le Doctrinal de Sapience, traduit du français en anglais, par William Caxton à Westminster. Achevé le septième jour de Mai, l'An de notre Seigneur 1489. 1 vol. in-folio.

5. « *The knygt of the Toure*. — Translated oute of the » frenssh into our maternall Englysshe tongue, by me Wil- » liam Caxton; whiche book was ended and fynysshed the » first day of Juyn, the yere of our Lord MCCCCLXXXIII. » And emprinted at Westmynstre, the last day of Janvyer, » the first yere of the regne of kynge Richard the thyrde. » (*Le chevalier de la Tour*, traduit du français dans notre

langue naturelle anglaise, par moi Caxton. Lequel livre
a été achevé le premier jour de Juin de l'An du Saigneur
1483. Et imprimé à Westminster, le dernier jour de janvier, la première année du règne du rói Richard III.)

6. « *The Royal Book, or a Book for a king*, reduced into
» englisshe, at the request and special désyre of a singuler
» frende of myn a mercer of London the yere of our Lord
» MCCCCLXXXIIIJ. » (*Le Livre Royal, où le Livre pour un
rói*, traduit en anglais à la requête et au grand desir de
l'un des amis particuliers de moi mercier de Londres, l'An
de notre Seigneur 1484.)

7. « *The book of good Maners*. fynyssed and translated
» out of frensshe into englisshe, the VIII day of Juyn, the
» yere of our Lord MIIII° LXXXVJ. And the first yere of the
» regne of kyng Harry the VII. and emprynted the XI day
» of Maye etc. » (*Le Livre des bonnes mœurs*. Achevé et traduit de français et anglais le huitième jour de Juin, l'an
du Seigneur 1486, la première du règne de Henri VII.)

8. « *The fayt of armes and chevalerye*. Whiche transla-
» cyon was fynysshed the VII day of Juyll. the said yere
» (1489) and enprynted the XIIIJ day of Juyll, the next
» following and ful fynysshed. » (*Les faits d'armes et de
chevalerie*. Cette traduction a été achevée le septième Jour
de Juillet. (1489.) et imprimée le 14ᵉ Jour de Juillet de
la même année.

9. « *The Arte and Crafte to knowe well to dye*. translated
» out of frensshe into englisshe by Willm. Caxton the XV of
» Juyn the yere of our Lord A. MIIII° LXXXX. » (*L'Art et
la Science d'apprendre à bien mourir*, traduit du français en
anglais par Guill. Caxton le quinzième jour de Juin, l'An
du Seigneur 1490). 1 vol. in-folio.

10. « *The book of Consolacion of Philosophie*, which that
» Boecius made for his comforte and Consolation etc. atte
» Request and singular frend and grossib of myne, J Wil-
» liam Caxton have done my debvoir et payne tenprynte it
» in fourme as his here a fore made. 1 vol. in-fol. » (*Le*

Livre de Consolation et de Philosophie que Boece a fait pour se donner du courage et de la consolation. A la requête d'un ami particulier, moi William Caxton, je me suis appliqué à imprimer ce livre dans la forme où je le présente). 1 vol. in-fol. sans date.

11. « *A boke of divers Ghostly Maters*, Emprynted at West- » mvnstre. in folio. » (Un livre de différentes matières spi- rituelles. Imprimé à Westminster). Sans date.

Cet ouvrage est divisé en trois parties dont voici l'indica- tion : au verso du quatrième feuillet on lit : Ici se termine le traité des sept points du véritable amour et de l'éternelle sa- gesse, traduit d'un livre latin intitulé : *Orologium Sapientiæ* Imprimé à Westminster.

> Qui leget emendat, pressorem non reprehendat
> Wyllelmum Caxton cui Deus alta tradet.

Le second traité, intitulé les XII Avantages de Tribulation, se termine au quatrième feuillet de la signature D.NN. et com- mence par ces mots : Ici commence un petit traité qui nous dit comment les sept sages étant ensemble réunis, se deman- dèrent les uns aux autres quelle était la chose qui plaisait davantage à Dieu et qui profitait le plus aux hommes? Chacun d'eux tomba d'accord que c'était le chagrin.

Le troisième traité qui termine le recueil est une traduc- tion de la règle de saint Benoît. Au verso du quatrième feuil- let de la signature D., on trouve la devise de Caxton.

12. « *Thymage or Myrror of the worlde*. Emprysed and » fynyssed in the xxi yere, of the regne of the moste » crysten kyng, kynge Edward the fourth. » (*L'Image ou le Miroir du monde*. Commencé et fini dans la vingt et unième année du règne du roi très-chrétien, le roi Edouard quatre.) 1481 ; 1 vol. in-fol.

Première édition de cet ouvrage, qui fut imprimé deux fois la même année ; elle commence par une table des matiè- res qui comprend la première feuille. Chaque page contient vingt-neuf lignes pleines.

Le prologue se termine ainsi :

« Cet ouvrage a été écrit chapitre par chapitre, en français, et enluminé dans la ville de Bruges, l'an de l'incarnation du Seigneur 1464, au mois de juin ; et moi j'ai essayé de le traduire dans notre langage maternel au mois de janvier de l'an du Seigneur 1480, à l'abbaye de Westminster à Londres. »

Les différences qui existent entre les deux éditions du *Miroir du monde* sont purement typographiques ; la plus remarquable, c'est que la seconde édition contient trente et une lignes au lieu de vingt-neuf à la page. La conclusion de Caxton est différente aussi, et renferme quelques détails sur le travail qu'il avait entrepris ; voici cette conclusion :

» Peut-être ai-je trop présumé de mes forces en essayant de traduire cet ouvrage français dans mon langage maternel, que je ne connais pas bien ; mais j'ai entrepris ce travail à la requête et aux frais de très-honorable personne Hugues Bryce, citoyen et alderman de Londres, qui m'a dit vouloir l'offrir au puissant, noble et vertueux lord Hasting, chambellan du roi, gouverneur de Calais et du pays environnant. Je reconnais que, dans cette traduction, j'ai été quelquefois rude et sans art ; c'est pourquoi je prie mondit seigneur chambellan de me pardonner mes fautes. Je déclare, pour mon excuse, que j'ai suivi le mieux que j'ai pu la copie que j'ai eu entre les mains. Si quelques erreurs se rencontrent dans l'étendue attribuée au firmament, au soleil, à la lune, ou bien aux autres merveilles décrites dans cet ouvrage, ce n'est pas à moi qu'il faut en faire le reproche, mais à l'auteur dont l'ouvrage m'a servi de guide.

13. « *The Booke callyd Cathon (Magnus)*, translated out » of frenche into englyssh by William Caxton, in thabbay » of Westmystre, the yere of our Lorde MccccLxxxiij ; » and the first yere of the regne of kyng Rychard the thyrde, » the xxiij day of Decembre. » (*Le Livre appelé Cathon (le Grand)*, traduit du français en anglais par William Caxton, dans l'abbaye de Westminster, l'an de Notre Sei-

gneur 1482 et la première du roi Richard le troisième,
le vingt-troisième jour de décembre.) 1 vol. in-fol.

Les différents ouvrages dont nous venons de donner le
titre appartiennent au même genre de littérature. On y trouve
à peu près réunies toutes les pensées qui, au moyen âge, composaient la morale philosophique ou religieuse, mondaine ou
chevaleresque, des différentes classes de la société. Le dernier
de ces livres est l'un des plus célèbres. Attribué pendant tout
le moyen âge à Caton le censeur, ce livre, qui date tout au
plus du deuxième siècle de notre ère, a joui, jusqu'à la fin
du seizième d'une grande renommée. Les distiques de Caton,
traduits dans presque toutes les langues de l'Europe, aussitôt
que ces langues étaient employées à des ouvrages de littérature, furent mis en vers anglais quelques années avant le
travail de Caxton. Le but de ce dernier, en traduisant de
nouveau les distiques en prose, fut de faciliter l'intelligence de cet ouvrage aux enfants et d'offrir aux parents un
bon livre de morale pour la première éducation. Il voulait
aussi donner aux hommes du peuple de tous les âges des
conseils et des leçons de vertu. Toujours on voit reparaître
dans les actions de cet habile artisan, la grande et noble pensée qui semble avoir guidé toute sa vie : chercher le plus
possible à se rendre utile à ses semblables.

L'Image du monde mérite aussi d'être signalé séparément.
Sous ce titre, une sorte d'encyclopédie composée en latin,
du onzième au douzième siècle, fut plusieurs fois traduite en
vers français pendant le cours du siècle suivant. Cette encyclopédie, augmentée par peu à peu, composa bientôt un
poëme de plus de douze mille vers. Sous cette forme,
l'Image du monde obtint le plus grand succès, ainsi que le
prouvent les manuscrits nombreux de cet ouvrage qui nous
sont parvenus. C'est un résumé des connaissances que l'on
avait alors dans la géographie physique ou politique des trois
plus vieilles parties du monde, dans les sciences naturelles
morales et philosophiques, l'histoire, les arts et les lettres.
Des traditions de toute nature, des fables grossières abon-

dent dans cet ouvrage ; mais on y trouve en même temps
des indications précieuses et un ensemble de faits qui peuvent servir à l'histoire de l'esprit humain. On comprend
qu'un ouvrage aussi sérieux, aussi pratique, si je puis dire,
ait séduit Caxton ; et qu'il ait voulu le faire tourner au profit de ses contemporains (1).

On doit encore à Caxton la traduction de six ouvrages
remarquables , dont il est superflu de faire sentir l'importance. Nous nous contenterons d'en reproduire le titre :

    1. « *The Booke of Tulle of olde age,* etc. Emprynted by
» me symple persone William Caxton, into Englisshe, at
» the playsir, solace and reverence of men growing into
» olde age, the XII day of August, the yere of our Lord
» MCCCCLXXXI. »

    « To wich are added : Tullius, his book of friendship ;
» and the declaracyon, shewing wherein honoure sholde
» reste. Printed by the same, in the same year. »

    (*Le livre de Tullius de la vieillesse,* Imprimé par moi
William Caxton, en anglais, pour la consolation et en
l'honneur des hommes âgés, le XIIᵉ jour d'août, l'an de
notre Seigneur MCCCCLXXXI (1481) auquel sont ajoutés :
le Livre de Tullius sur l'Amitié ; etc., etc., etc., etc., imprimé par le même et la même année. »

    « **2.** *Ovyde,* his booke of *Metamorphose,* translated and
» fynisshed by me William Caxton at Westmestre, the XXII

---

(1) Au sujet des *Distiques de Caton* et de l'histoire littéraire de cet
ouvrage l'on peut consulter : *Le Livre des Proverbes français,* par Le
Roux de Lincy, précédé d'un Essai sur la philosophie de Sancho Pança,
par Ferdinand Denis, Paris, 1842; 2 vol. in-8°. T. I, p. XLI, Introduction.
Au tome II, p. 358, Appendice, n° III, on trouve le texte latin de ces Distiques avec une traduction du XIIᵉ siècle. Quant à *l'Image du Monde,*
Legrand d'Aussy, t. V, p. 243 des *Notices et Extraits des Manuscrits de
la Bibliothèque du Roi,* etc. in-4°, a donné sur cet ouvrage un travail
assez étendu, mais bien imparfait. Voyez aussi le *Bulletin du Bibliophile,* publié chez Techener, 2ᵐᵉ série, n° 3. — L'introduction au *Livre des
Légendes,* publiée en 1836, à Paris, chez Silvestre, in-8°, renferme quelques fragments de *l'Image du Monde,* en vers français.

» day of Apryll, the eyre our lord M*IIII*'IIII'*. And the
» xx yere of the regne of king Edward the fourth. A ma-
» nuscrip in folio. » (*Ovide, son livre des Métamorphoses*;
traduit et achevé par moi, Guillaume Caxton, à Westminster, le vingt-deuxième jour d'avril, l'an de notre Seigneur 1480 le vingtième du règne d'Edouard IV.) In-folio.
manuscrit.)

3. « *The booke of Eneydos* compyled by Vyrgyle, oute of
» frensshe reduced into englysse by Wyllm. Caxton, the
» xxii daye of juyn, the yere of our lorde M*IIII*'Lxxxx.
» The fyfthe yere of the regne of king Henry the seventh.»
(Le livre de l'Enéide compilé par Virgile, mis de français
en anglais, par moi William Caxton, le vingt-deuxième
jour de juin, l'an de notre Seigneur 1490, la cinquième
du règne de notre roi Henri VI.) 1 vol. in-fol.

4. « *The historie of Reynart the fox*, wich was in dutche
» and by me Willm. Caxton translated into this rude and
» simple englyssh, in thabbey of Westmestre. Fynyssed the
» vi day of juyn, the yere of our lord M*cccc*Lxxxi, and
» the xxi yere of the regne of kynge Edward the IIII. »

(L'histoire du Renard, qui était en allemand, traduite
par moi W. Caxton en rude et simple anglais, dans l'abbaye de Westminster. Achevé le sixième jour de juin, l'an
de notre Seigneur 1480, et le vingt et unième du règne
d'Edouard IV.) 1 vol. in-fol.

« 5. *The subtyl historyes and fables of Esope*. Translated
» out of frenshe into englysshe by William Caxton, at
» Westmynstre. In the yere of our lorde M*cccc*Lxxxiii.
» Emprynted by the same, the xxvi daye of Marche, the
» yere of our lorde M*cccc*Lxxxiiii. And the fyrst yere of
» the regne of kyng Rychard the thyrde. »

(*Les histoires subtiles et les fables d'Esope*, traduites de
français en anglais par William Caxton à Westminster,
l'an de notre Seigneur 1483, imprimé par le même le 26e
jour de mars, l'an de notre Seigneur 1484, etc.

6. « *The Curial made, by Maystre Alain Charretier*,

» translated in englysshe by William Caxton. » (*Le Curial,* par maître *Alain Chartier,* traduit en anglais par W. Caxton.) 1 vol. in-fol.

Mais pour mieux faire juger de toute l'activité que déployait Caxton, non-seulement comme écrivain, mais encore comme imprimeur, et aussi pour compléter la liste des ouvrages auxquels cet habile artisan a mis son nom, donnons ici, dans l'ordre chronologique, le titre des livres sortis de ses presses, mais qu'il n'a pas traduits.

« 1464. *Le Recueil des histoires de Troyes,* sans nom de » lieu ni d'imprimeur, et sans date. 1 vol. in-folio. Goth. »

Au recto du premier feuillet on lit :

« Cy commence le volume intitulé le Recueil des histoires » de Troyes composé par venérable homme Raoul Lefevre » prestre, chappellain de mon très redoubté seigneur Mon- » seigneur le duc Philippe de Bourgoingne, en l'an de grâce » mil cccclxiiii. » Le texte suit immédiatement; il est composé de vingt-cinq lignes pour cette page, et de trente et une pour les autres. L'ouvrage entier, divisé en trois livres, contient 283 feuillets.

« 1477. *The Dictes and Sayingis of Philosophres,* vhiche » bokeis translated out of frensshe into englysssh by the » noble and puissant lord Antoine erle of Ryvyers, lord » of Scales and the Isle of Wight, defendour and direc- » tour of the siege Apostolique, etc. Emprynted by me » William Caxton at Westmestre, the yere of our lord » Mcccclxxvii. f° 1 vol. » (*Les dits et les maximes des Philosophes.* Ce livre est traduit du français en anglais par le noble et puissant lord Antoine comte de Ryvyers, lord de Scales et des îles de Wight, défenseur et protecteur du siége apostolique. Imprimé par moy William Caxton à Westminster, l'an de notre Seigneur 1477.) 1 vol. in-fol.

A la traduction du noble lord est joint un appendice digne de remarque, au sujet duquel on nous saura gré d'avoir insisté. Caxton s'y montre sous un caractère particulier, celui d'un écrivain satirique, malin et de bon goût.

Voici le fait : lord Rivers, cédant aux idées chevaleresques de son temps, ne voulut pas reproduire les traits violents de satire que Guillaume de Tignonville, auteur français du *Livre des philosophes*, a dirigés contre les femmes. Caxton, moins scrupuleux, ne craignit pas de réparer l'omission du noble lord; voici comment il a trouvé moyen de s'en excuser. « Ayant pris connaissance du travail exécuté par mon seigneur, je vins le trouver et lui dis que j'avais lu son ouvrage, qu'on ne saurait trop lui rendre grâces de s'être appliqué à mettre en anglais un livre aussi utile. Mon seigneur me témoigna le désir que je le relusse de nouveau et que je corrigeasse les fautes qui pourraient s'y rencontrer. Je répondis à mon seigneur que ce serait lui faire injure, que je n'étais pas capable de le corriger et qu'il savait mieux que moi le pur et bon anglais. Quoi qu'il en soit, mon seigneur insista pour que je revisse l'ouvrage et que je relusse certaines parties qu'il n'avait pas cru devoir traduire, comme les lettres d'Alexandre à Darius et Aristote, qui lui paraissaient étrangères au sujet du livre des philosophes. Il voulait aussi que j'imprimasse son ouvrage. Obéissant à son désir, je me mis en devoir de relire ce travail, que je trouvai conforme à l'original écrit en français, sauf dans un seul passage qui fait partie des *maximes de Socrate*. Je m'aperçus que mon seigneur avait évité de rendre certaines maximes relatives aux femmes. Je fus étonné d'abord de cette omission et je cherchai à en pénétrer les motifs. Je supposai bientôt que cette omission avait été demandée par une dame, ou bien que mon seigneur, amoureux de quelque beauté, avait supprimé ces maximes en son honneur; ou bien encore que l'amour profond et le respect qu'il porte à toutes les femmes lui avaient fait penser que Socrate, en parlant d'elles, ne disait pas toujours la vérité, quoique je ne puisse croire qu'un aussi grand philosophe ait osé commettre un mensonge. Mais je me suis aperçu bientôt que mon seigneur avait réfléchi que les vices reprochés aux femmes par Socrate ne pouvaient s'adresser à celles de notre pays.

3

Socrate était grec, né dans une partie du monde éloignée
de l'Angleterre, dont les mœurs et les coutumes sont entièrement différentes des nôtres. En effet, toutes les femmes en
Angleterre sont bonnes, sages, aimables, humbles, discrè-
tes, sobres, chastes, obéissantes à leurs maris, vraies, réser-
vées, constantes, laborieuses, point méchantes, point bavar-
des, vertueuses en un mot, ou tout au moins elles devraient
l'être. C'est pourquoi mon seigneur a cru pouvoir passer
sous silence les maximes de Socrate contre les femmes. Mais
comme d'après le commandement dudit seigneur, je dois
corriger les fautes qui se rencontreront dans cet ouvrage, et
que je n'en trouve aucune, excepté cette omission, je crois
devoir traduire ces maximes que Socrate a composées contre
les femmes de la Grèce et non contre celles de ce pays, qu'il
n'avait jamais vues, je suppose. Je me suis bien gardé tou-
tefois de mêler mon travail avec celui de mondit seigneur,
mais je l'ai placé à part, à la fin de l'ouvrage, en forme d'appendice. Et je requiers humblement le lecteur que, s'il y
trouve quelques fautes, il veuille bien les attribuer à Socrate
et non pas à moi qui n'ai fait que l'imiter. »

« The morale proverbes of Cristyne (of Pise), emprynted
» by Caxton in fever, the cold saeson. » (Les Proverbes moraux de Christine de Pisan, imprimé par Caxton, en
février la froide saison.) 1 vol. in-folio. Sur le dernier
feuillet on lit ces vers :

Of the Sayynges Cristyne was the aucteuresse,
Whiche in makyng hadde suche intelligence
That therof se was mireur and maistresse.
Hire werkes testifie thexperience,
In frenssh languaige was written this sentence
And thus englished doolh hit rehers,
Antoin Widewille therle Ryvers.

Go thou little quayer and recommaund me
Unto the good grace of my special lorde
Therle Ryveris, for I have enprinted the
At his commandement, folowyng every worde

His copye, as his secretaire can'recorde;
At Westmestre of feverer tho xx daye,
And of kyng Edward the xvii yere vraye.

(Christine est l'auteur de ces sentences; elle a su y mettre tant de sagesse qu'on doit la considérer comme un miroir et un maître. Cet ouvrage témoigne de son habileté. Ces sentences étaient écrites en français et elles ont été ainsi mises en anglais par Antoine Wideville, comte de Rivers.

Va, petit livre, et recommande-moi à la faveur de mon seigneur particulier, le comte de Ryvers, car j'ai imprimé ce livre à son commandement, suivant chaque mot de sa copie, comme son secrétaire pourrait le faire, à Westminster, le vingtième jour de février et la dix-septième année du roi Edouard.)

« 1480. The *Book named Corydale*, or *memorare novis-*
» *sima*, which treated of the foure last thinges. Begañ on
» the morn after the purification of our blissid Lady etc.
» and finisshed on the even of thannunciation of our said
» blissid Lady, fallyng on the wednesday the xxiii daye
» of Marche, in the yere of kyng Edward the fourth. » (*Le livre appelé Corydale*, ou *memorare novissima*, qui traite des quatre dernières choses (la première, *la mort*, la seconde, *le jugement dernier*, la troisième, *les peines de l'enfer*, la quatrième, *les joies du paradis*), commencé le jour après la Purification de la Vierge, etc., et achevé le soir de l'Annonciation, tombant un mercredi, le vingt-quatrième jour de mars, la dix-neuvième année du règne d'Edouard IV.)

Ouvrage mystique dû à la plume du comte de Rivers.

« 1470. *The Cronicles of Englond, etc.* Emprented by me
» William Caxton in thabbey of Westmynster, by Lon-
» don, etc. the .v. of day of juyn the yere of thincarna-
» cion of our lord God MccccLxxx, etc. »

« *The Description of Britayne, etc.* Fynyssed by me Wil-
» liam Caxton, the xviii day of August, the yere of our
» Lord God MccccLxxx. in-folio. »

(*Les Chroniques d'Angleterre*, etc. Imprimé par moi Guillaume Caxton dans l'abbaye de Westminster à Londres, le cinquième jour de juin, l'an de l'incarnation de Notre Seigneur 1480.

La Description de la Bretagne (*la Grande-Bretagne*.) Achevé par moi Caxton le xviii° jour d'août, l'an de Notre Seigneur 1480. In-folio.)

Bien que Caxton ne puisse pas être considéré comme l'auteur de cette chronique, il est certain cependant qu'il en a rajeuni le langage ; l'on pourrait rigoureusement compter cet ouvrage au nombre de ceux qu'il a traduits et imprimés. La même observation s'applique au volume suivant, ainsi qu'on on pourra juger par le titre :

« 1482. *The Polychronycon*, conteynyng the Berynges
» and Dedes of many tymes, in eight books. Imprinted by
» William Caxton, after having somewhat chaunged the
» rude unde old englysse; that is to wete certayn wordes
» which in these days neither usyd ne understanden. Ended
» the second day of the regne of kynge Edward, the fourth
» and of the Incarnacion of our lord a thousand four hun-
» dred four score and twine. » (*Le Polychronicon*, contenant des histoires de tous les temps, en huit livres. Imprimé par William Caxton, après avoir un peu amendé le rude et vieux anglais devenu par trop sauvage, et certains mots qui de notre temps ne sont plus ni usités ni compris. Achevé le second jour de juillet, la vingt-deuxième année du règne du roi Edouard IV, et l'an de l'incarnation de Notre Seigneur (1482.) In-folio (1).

(1) NOTE DU DIRECTEUR. Cet ouvrage, dont Caxton dit avoir changé le vieil anglais, est la traduction anglaise faite par le moine Jean de Trévise, vingt ans après la composition de l'original en latin par Ranulphe Higden. Quoiqu'il eût écrit sa chronique dans la langue des clercs, Ranulphe Higden gémissait du mépris que faisaient les gentilshommes de l'idicme anglais, et son zèle pour la langue nationale contribua autant que les lois d'Edouard III à la faire substituer au français; car ce fut lui qui traduisit en anglais les *Mystères de Chester* (1338). Le *Polychroni-*

« 1483. *Liber festivalis*, or Directions for keeping feasts
» all the yere. — *Explicit :* Enprynted at Westmynster
» by William Caxton the last day of juyn. *Anno Domini*
» McccclxxxIII. » (*Livre de fêtes*, ou Instructions pour
observer les fêtes de toute l'année. — Imprimé à Westminster par William Caxton le dernier jour de juin, l'an du
Seigneur 1483.) 1 vol. in-fol.

On trouve généralement, dans les exemplaires de cet ouvrage, une partie imprimée séparément sans date, et intitulée
Quatuor Sermones.

« 1483. *Confessio Amantis*, that is to saye in englisshe
» the confessyon of the lover. Maad and compyled by John
» Gower squyr. Emprynted at Westmestre by me Willyam
» Caxton, and fynysshed the II daye of Séptembre, the fyrst
» yere of the regne of kyng Richard the thyrd, the yere of
» our Lord a thousand ccccLxxxIIJ. » (*Confessio amantis*,
ce qui signifie en anglais la confession de l'amant. Composé
par Jean Gower, écuyer. Imprimé à Westminster par moi
William Caxton, et achevé le deuxième jour de septembre, la première année du règne du roi Richard III, l'an
du Seigneur 1483.)

« 1485. *A Book of the noble hystoryes of kynge Arthur und*
» *of certeyn of his knyghtes.* Whiche book was reduced into
» englysshe by syr Thomas Malory knyght, and by me de-
» vyded into xxI bookes chapytred, and emprynted, and
» fynysshed in thabbey Westmestre, the last day of juyl,
» the yere of our Lord MccccLxxxv. » (*Le Livre des
hauts faits du roi Arthur et de quelques-uns de ses chevaliers.*
Lequel a été traduit en anglais par sire Thomas Malory,
chevalier, et divisé par moi en vingt et un livres et en
chapitres, et imprimé; achevé dans l'abbaye de Westminster, le dernier jour de juillet, l'an du Seigneur 1485.)
In-folio.

con a été deux fois réimprimé depuis Caxton, la première par Wynkin de
Worde (1495), et la seconde par Pierre Trevéris (1527). La réimpression
de Wynkin de Worde est un *in-folio* assez rare.

« *The Book of fame*, made by Gefferey Chaucer. Empryn-
» ted by William Caxton. In-fol. » (*Le Livre de renommée*,
composé par G. Chaucer, imprimé par W. Caxton.) In-fol.
sans date.

« *Speculum vite Christi;* or the Myrrour of the blessyd
» Lyf of Jhesu Christe. Emprynted by William Caxton. »
(*Speculum vite Christi*, ou le Miroir de la sainte vie de Notre
Seigneur Jésus-Christ. Imprimé par William Caxton.) 1 vol.
in-fol.

« *Directorium sacerdotum; sive Ordinale secundum usum*
» *eorum*, etc. Impressum per William Caxton, apud West-
» monasterium prope London. » In-folio.

A ces différents ouvrages qui portent le nom de Caxton et
l'indication de l'année pendant laquelle ils ont été imprimés, il faut en ajouter plusieurs autres qui sont sans date et
sans nom d'imprimeur, mais que l'on regarde comme sortis
des presses de Westminster (1).

Parmi les ouvrages imprimés par Caxton, sans indication
de dates, il faut surtout remarquer les deux éditions du poëme
célèbre de Chaucer : *Les Contes du Pèlerinage à Canterbury.*
Ces éditions, publiées à six années de distance l'une de l'autre, sont regardées avec raison comme les premières de cet
ouvrage, et comptent au nombre des plus anciennes produc-
tions de la presse anglaise. Cet ouvrage fut d'abord imprimé
trop vite, ce qui donna lieu à un grand nombre de fautes.
Caxton, avec la conscience qu'il mettait dans toutes ses actions, ne craignit pas de l'avouer. Voici comment il s'exprime à ce sujet dans le prologue de sa seconde édition.
« J'ai trouvé un grand nombre de manuscrits de cet ouvrage,
abrégé par les scribes, qui y laissaient beaucoup de lacunes.
Dans certains endroits s'étaient glissés des vers qui n'en faisaient pas partie. Il m'est arrivé, il y a six ans, de rencontrer
un manuscrit de cette sorte, que je croyais bon et correct. J'en

(1) On trouvera l'indication de ces ouvrages dans le Tableau général
des livres composés ou imprimés par Caxton, qui termine notre travail.

ai imprimé un certain nombre d'exemplaires qui m'ont été achetés par différentes personnes. L'une d'elles vint me trouver et me dit que mon livre ne s'accordait pas, dans beaucoup de passages, avec l'œuvre de Chaucer. Je lui répliquai que j'avais suivi mot pour mot le manuscrit que je possédais. Alors il me déclara qu'il en connaissait un autre, entre les mains de son père, auquel ce dernier tenait beaucoup, qui était le véritable... Il me proposa, de m'apporter ce manuscrit à condition que je lui donnerais un des exemplaires que j'imprimerais. Je lui répondis que s'il pouvait me procurer un manuscrit aussi exact, aussi correct, je regarderais comme un devoir de réimprimer cet ouvrage, pour réparer le mal que j'avais fait à l'auteur. En effet, j'avais erré par ignorance, en laissant dans ce poëme un grand nombre de fautes qui ne devaient pas s'y trouver, et en ne restituant pas beaucoup de passages altérés. Nous fûmes bientôt d'accord, et ce gentilhomme ayant obtenu le manuscrit de son père, me l'abandonna. D'après ce manuscrit, j'ai corrigé mon texte et je l'ai réimprimé avec l'aide de Dieu... »

Caxton professait pour Chaucer la plus grande admiration. On trouve à ce sujet dans le prologue de la consolation de la philosophie de Boece, traduit par Chaucer et imprimé par Caxton, des détails fort curieux. « Je désire et vous demande, dit ce dernier en s'adressant à ses lecteurs, que vous priez pour l'âme de Geoffroi Chaucer, premier traducteur anglais de cet ouvrage, et l'un de ceux qui ont le plus contribué à embellir et à répandre notre langage. Son corps est enterré dans l'abbaye de Westminster à Londres, dans la chapelle de saint Benoît. Auprès de cette sépulture, sur une tablette fixée à un pilier, son épitaphe, composée par un poëte lauréat, est ainsi conçue : « Epitaphium Galfridi Chaucer per poetam laureatum Stephanum Surigonum Mediolanensem, in decretis licentiarum. »

Elle commence ainsi :

Pyerides Musæ, si possunt numina fletus
Fudere divinas atque rigare genas

Galfridi vatis Chaucer crudelia fata.
Plangite, etc.

Elle se termine par ces vers :

Post obitum Caxton voluit te vivere cura
Willelmi Chaucer clare poeta tui,
Nam tua non solum compressit opuscula formis,
Has quoque sed laudes jussit hic esse tuas.

Caxton dit encore dans un autre passage : « Nous devons
accorder une louange toute particulière à ce noble et grand
philosophe, Geoffroi Chaucer, lequel, pour l'illustration qu'il
a jetée sur notre langue, mérite le nom de poëte lauréat. Il a
embelli et donné quelque lustre à notre anglais, qui était jusqu'à ce jour rude et grossier, comme on peut le voir par nos
vieux livres que personne ne voulait ouvrir... » Les éloges
que Caxton prodigue à Chaucer pourraient en grande partie
lui être adressés à lui-même. En effet, il s'est appliqué par
tous les moyens à répandre la langue anglaise ; il a continué
l'œuvre commencée par le poëte, en appliquant ce langage à
des livres de toute nature, dont quelques-uns devaient obtenir une grande popularité.

Caxton était doué d'un grand sens et d'un jugement très-
solide. Persévérant, actif, et rempli d'amour, de dévouement pour l'art qu'il avait entrepris de reprendre dans son
pays, il a rempli honorablement sa carrière, non-seulement
comme imprimeur, mais encore comme éditeur et traducteur.
On a prétendu qu'il avait été admirateur trop passionné des
romans de chevalerie, mais en cela il a partagé les opinions
de son siècle ; et d'ailleurs il est juste de dire que son amour
pour ces sortes d'ouvrages n'avait pas altéré son goût, ainsi
qu'il l'a prouvé en imprimant les œuvres de Chaucer. Gibbon
a remarqué avec autant de sens que de raison, que dans le
choix fait par Caxton des livres qu'il imprimait, il était forcé
de se plier aux caprices de ses lecteurs. Il devait plaire aux
nobles par des traités sur le blason, la chasse et le jeu des

échecs; il fallait amuser la crédulité populaire avec des romans de chevalerie et des légendes. Par ce moyen il répandait le grand art auquel il avait consacré les dernières années de sa vie, et préparait la régénération complète des sciences et des lettres. Quant à la science de Caxton, elle était grande à la fin de sa vie, et le résultat du travail opiniâtre auquel il s'était livré. Sous ce rapport on peut le considérer comme supérieur à l'époque où il vivait. Il possédait parfaitement sa langue maternelle, malgré l'indulgence qu'il se plaît à solliciter de la part de ses lecteurs. Le latin, l'allemand et surtout le français lui étaient familiers. Les matières nombreuses et différentes traitées dans les livres qu'il avait reproduits, avaient dû nécessairement ajouter à l'esprit naturellement curieux de Caxton des connaissances d'une grande étendue (1).

Sous le point de vue de l'art typographique, sans aucun doute, les nombreux ouvrages imprimés par Caxton sont loin d'être irréprochables. Par exemple, le caractère gothique qu'il a exclusivement employé est maigre, irrégulier et sans aucune clarté. Il manque surtout de la précision symétrique, de la rondeur et du brillant que certains imprimeurs du continent ont su donner dès le quinzième siècle au type qu'ils ont employé. De même le papier qu'il a mis en œuvre, sans être d'une qualité inférieure, n'a pas cette solidité, cette épaisseur qu'on admire encore aujourd'hui dans certains ouvrages sortis des premières presses de Venise ou de Rome, ou même de Paris. En n'employant jamais le caractère romain, Caxton s'est privé d'une ressource qui donne à quelques imprimeurs ses contemporains beaucoup de supériorité. Il faut dire aussi que l'encre dont il a fait usage est souvent d'une mauvaise qualité. Quoi qu'il en soit, les exemplaires bien conservés des livres de Caxton présentent à l'œil un aspect flatteur et ne

---

(1) NOTE DU DIRECTEUR. A côté de cet éloge nous devons remarquer que, d'après le savant D'Israeli, Caxton, dans la préface de sa *barbare* ÉNÉIDE, translatée de français en anglais, semble confesser son ignorance du latin. Peut-être était-ce cependant la même expression de modestie qui lui faisait dire qu'il ignorait sa propre langue.

manquent pas d'éclat. Le papier est fin, mais bon; il a pris
avec le temps une couleur qui lui donne une grande ressemblance avec le vélin des anciens manuscrits. Quant à la cor-
rection des textes, elle est aussi parfaite qu'elle pouvait l'être
à cette époque; Caxton y apportait un soin minutieux. L'impression d'un ouvrage à peine achevée, il relisait chaque
exemplaire et corrigeait avec de l'encre rouge les fautes qui
lui étaient échappées.

Essayons maintenant de caractériser d'une manière précise
le type et la physionomie des nombreux volumes sortis des
presses de Westminster, et qui sont aujourd'hui l'objet des
recherches incessantes du bibliophile.

Quant au format, c'est généralement un petit in-folio assez
large ou bien un grand in-quarto, les deux seules grandeurs
de volumes qui fussent en usage à cette époque.

Les feuillets sont imprimés sans titres courants, réclames,
chiffres ou divisions entre les paragraphes, tantôt sur deux
colonnes, tantôt sur une seule ligne, dont le nombre varie de
vingt-sept à trente et un.

Le caractère est le vieux et rude gothique, mêlé à de grandes capitales, à l'imitation des manuscrits de cette époque.
Les mots sont imprimés si près les uns des autres, qu'il est
difficile et fatigant de lire ces ouvrages, même pour ceux qui
en ont l'habitude.

L'orthographe varie et paraît arbitraire, sans aucune mé-
thode fixe.

Les abréviations sont fréquentes, et deviennent parfois si
nombreuses et si différentes, qu'il est nécessaire d'en faire
une étude toute particulière.

Le seul signe de ponctuation est un point assez grossier
placé entre les phrases, qui sont très-séparées les unes des
autres.

Les ouvrages imprimés par Caxton ont acquis depuis long-
temps une très-grande valeur. Aujourd'hui même, en les
payant au poids de l'or, il est impossible de se les procurer.
Le tableau suivant mettra nos lecteurs en état de juger du

degré d'importance et de rareté de chacun de ces ouvrages. De plus, il aura l'avantage de présenter, dans l'ordre alphabétique, la série des volumes sortis des presses de cet habile artisan. Ce tableau est divisé en quatre colonnes : la première est consacrée au titre de l'ouvrage; la seconde, à l'année où il a été imprimé; la troisième indique le degré de rareté auquel il est parvenu, le nombre 6 étant pris pour maximum; la quatrième, enfin, contient le prix qu'il a été payé dans les ventes célèbres où il s'est rencontré. Après le titre de chaque ouvrage, les lettres T. I. signifient que Caxton en est le traducteur et l'imprimeur; la lettre I, qu'il en est l'imprimeur seulement. La quatrième colonne, qui contient le prix donné à différentes époques des ouvrages imprimés par Caxton, présente des détails bibliographiques curieux et piquants; on y pourra suivre la proportion effrayante dans laquelle a été, toujours en augmentant, la valeur attachée à ces ouvrages; on y verra que, depuis 1756 jusqu'à 1834, cette proportion a été de 1 1/2 à 43. (Voyez plus bas l'article Chivalry (Fait of Armes and).

Pour ne citer qu'un exemple, le Livre des histoires de Troyes, dont nous avons parlé précédemment, payé en 1756 8 livres 3 sch. (195 fr. 72 cent), a été vendu en 1812 la somme énorme de mille soixante livres 10 sch.!... (Plus de 27,000 francs!)

TITRE DE L'OUVRAGE.	DATE.	DEGRÉS de rareté.	PRIX.
Accidence (the).	sans date.	6	
Æsop. (Esope). T. I.	1484.	5	
Arthur (Histories of). I. (Histoire d'Arthur.)	1485.	6	Vente Fairfax, 1756 : 2 liv. 12 sch.
Ballad (Fragment of). I. (Fragment de Ballade.)	sans date.	6	
Blanchardin and Eglantine. I.	sans date.	6	Vente Roxburghe, 1812 : 215 l.
Boetius. I.	sans date.	4	Vente Alchorne, 1813 : 53 liv. 11 sch. par M. Singer. — Vente White Knigths, 1810 : 22 liv. 11 sch. 6 d.
Book of divers ghostly matters. (Livre de diverses matières spirituelles.) T. I.	sans date.	4	
Book of good Manners. (Livre de bonnes Mœurs) T. I.	1487.	4	
Book for Travellers. (Livre pour les voyageurs.) T. I.	1487.	5	Ce livre a coûté 100 guinées à lord Spencer.
Cato Parvus. (Petit Caton.) I.	sans date.	5	
Cato Magnus. (Grand Caton.) I.	1483.	4	Vente Ratcliffe, 1776 : 5 liv. 5 sch. — Vente Alchorne, 1813 : 51 liv. 9 sch. par M. Singer. — Vente White Knigths, 1810 : 26 l, 1 sch., incomplet d'un feuillet. — Le duc de Devonshire l'a payé 105 l. et Dibdin l'estime 150.
Charles the Great. (Roman de Charlemagne.) I.	1485.	6	
Chastising for God's Children. I. (Chastoiment pour les Enfants de Dieu.)	sans date.	4	Vente West, 1773 : 5 l. — Vente Alchorne, 1813 ; 94 l. 10 sch. — Vente Roxburghe, 1812 : 140 liv.
Chaucer's Book of Fame. (Livre de Renommée par Chaucer.) I.	sans date.	4	Vente West, 1773 : 4 l. 5 sch.
Canterbury Tales. I. (Contes de Canterbury, 1re édition.)	sans date.	5	Vente West, 1773 : 47 l. 15 sch. 6 d.
2e édition. I.	sans date.	4	
Troïlus et Cressida, par Chaucer. I.	sans date.	4	Vente West, 1773 : 10 l. 10 sch. — Ce volume est tellement rare qu'un exemplaire incomplet de 16 pages a été payé en 1815 : 352 l. 15 sch., et à

TITRE DE L'OUVRAGE.	DATE.	DEGRÉS de rareté.	PRIX.
			la vente Blandfort, 1812: 162 liv. 15 sch.
Chaucer's minor works with Lydgate's. I. (Petits poëmes de Chaucer avec ceux de Lydgate.)	sans date	5	
Chess (Game of). (Jeu des Echecs.) T. I.	1474.	5	Vente Ratcliffe, 1776: 16 liv. — Imparfait, vente Alchorne, 1813 : 54 liv. 12 sch., par Longman et comp. — Aussi imparfait, vente White: 36 l. 15 sch. — La deuxième édition vendue 173 l. 5 sch. en 1821 et 31 liv. 10 sch., imparfait, en 1834.
Chivalry (Fait of Armes and). (Faits d'Armes et de Chevalerie.) T. I.	1489.	in-4°.	Vente Bryant-Fairfax, 1756 : 1 liv. 1 sch. — Vente West, 1773 : 10 l. 10 sch. — Vente Alchorne, 1813 ; 60 l. 1 sch., par Longman. — Vente Roxburgh, 1812 : 336 liv. et imparfait, 136 liv. 10 sch. chez Townley. — Vente Heber, 1834, bel exemplaire : 43 liv.
Chivalry (Order of). (Ordre de Chevalerie.) I.	1484.	6	Vente West, 1773 : 5 liv. 5 sch.
Chronicle of England. (Chronique d'Angleterre.) I.	1480.	3	Vente Fairfax, incomp., 1756 : 2 liv. 2 sch.; et compl. à la même vente, 5 liv. — Vente Ratcliffe, 1776 : 5 liv. 5 sch. — Vente Alchorne, 1813 : 63. — Par le duc de Devonshire, en 1815 : 105 liv. — La Description de l'Angleterre, formant la seconde partie de ce livre, a été vendue séparément en 1815 : 52 liv. 10 sch.
Cordial (the Book named) or Memorare novissima. (Le livre appelé Cordiale ou Ressouvenir.) T. I.	1480.	4	Vente West, 1773 : 14 liv. — Vente Fletewode, 6 l. 12 s. — Vente Alchorne, 1813 : 127 l. pour la Bibl. Roy. — Vente Townley, 1814 : 94 l. 10 sch. — Vente Inglis, 1826 : 24 liv. 3 sch.
Craft to know well to die. (Manière d'apprendre à bien mourir.) T. I.	1490.	5	Vente West, 1773 : 5 liv. 2 sch. — Vente Tutet, 1786 : 2 liv. 2 sch.
Curial of Alain Chartier. (Le Curial d'Alain Chartier.) I.	sans date.	6	

TITRE DE L'OUVRAGE.	DATE.	DEGRÉS de rareté.	PRIX.
Dictes of the Philosophers. (Dits des Philosophes.) I.	1477.	4	Vente Fairfax, 1756 : 6 liv.; en 1807 : 30 guin.; et en 1812; 262 liv. 10 sch.; en 1815, chez Mac-Carthy, imparfait : 600 fr.; et en 1835, chez Heber, 10 liv. 3 sch.
De Fide et Cantu. (De la Foi et du Chant.) I.	sans date.	5	
Directorium Sacerdotum. (Guide des Prêtres.) I.	sans date.	5	
Doctrinal of Sapience. (Doctrinal de Sagesse.) T. I.	1489.	4	Vente Fleetwoode, 1774 : 6 l. 6 sch., par Alchorne. — Vente Alchorne, 1813 : 78 l. 15 sch. par le duc de Devonshire. — Vente Ratcliffe, 1776 : 81. 8s.
Edward the Confessor ? Godefroy of Boulogne. (Godefroy de Bouillon.) T. I.	..... 1481.	 5	
Golden Legend. (Légende dorée.) T. I.	1483.	4	Vente Ratcliffe, 1776 : 9 liv. 15 sch. — Vente Alchorne, 1813 : 82 liv. 19 sch. par le duc de Devonshire.
Gover's Confessio Amantis. (Confession de l'Amant par Gover.) I.	1483.	3	Vente Bryant-Fairfax, 1756 : 3 liv. — Vente West, 1773 : 9 liv. 9 sch.
Horæ. (Heures.) I.	sans date.	6	
Jason. T. I.	1475.	5	Vente West, 1773 : 4 liv. 4 s. — Vente Ratcliffe, 1776 : 51.10s.
Infancia Salvatoris. (Evangile de l'Enfance de Notre Seigneur.) I.	sans date.	6	
Katerine of Sienne. (Catherine de Sienne.) I.	sans date.	4	
Knight of the Tower. (Le Chevalier de la Tour.) T. I.	1484.	4	Vente Brand, 1807 : 105 guin. — Vente White Knights, 1810; 85 liv. 1 sch.
Liber Festivalis. I.	1483.	4	
Life of our Lady. I. (Vie de Notre-Dame.)	sans date.	4	
Life of Saint Wenefrid. (Vie de Sainte Wene-frece.) I.	sans date.	5	
Lucidary. (Lucidaire.) I.	sans date.	6	
Mirror of the World. (Le Miroir du Monde.) T. I.	1481.	4	Vente Fairfax, 1756 : 3 liv. — Vente West, 1773 : 2 l. 12 sc. — Catalog. Hebert, 1796 : 10 et 15 guin. — Vente Roxburgh, 1812 : 351 liv

TITRE DE L'OUVRAGE.	DATE.	DEGRÉS de rareté.	PRIX.
Ovide's Metamorphoses. (Métamorphoses d'O-vide.) T. I.	1480.	6	
Paris and Vienne. (Roman de Paris et Vienne.) T. I.	1485.	6	Vente West, 1773 : 14 liv.
Pilgrimage of the Soul. (Pèlerinage de l'âme.) T. I.	1483.	4	Vente West, 1773 : 8 l. 17 sch.
Polychronicon. I.	1482.	4	Vente Ratcliffe, 1776 : 5 liv. 15 sch. 6 d. — Vente Tutet, 1786 : 4 liv. 12 sch. — Vente Blandfort, 1819 : 94 l. 10 sch.
Proverbs of Pisa. (Proverbes de Christine de Pisan.) I.	1478.	5	
Reynard the fox. (Le Renard.) T. I.	1481.	6	
Russel (Oration of). (Discours de Russel.) I.	sans date.	6	
Royal Book. (Livre Royal.) T. I.	1484.	4	Vente West, 1773 : 10 liv. — —Vente White Knights, 1810: 73 liv. 10 sch.
Siege of Rhodes. (Le siége de Rhodes.) I.	sans date.	6	
Speculum vite Christi. I.	sans date.	4	Vente West, 1773 : 9 liv. 9 sch.
Statutes. I.	sans date.	6	
Troyes (Recueil des Histoires de) en français. I.	sans date.	6	Ce livre est si rare que l'exemplaire du duc de Roxburgh, incomplet de 13 feuillets, a été payé par lord Spencer 116 liv. 1 s.; — il a été revendu 36 liv. 10 s. en 1823; — en 1817 un exemplaire compl. s'est vendu 92 l. 16 s.; — et en 1823 un autre exemplaire non rogné: 205 l. 16 s.
Troyes (Histories of). (Les Histoires de Troyes en anglais.) T. I.	1471.	5	Vente Fairfax, 1756 : 8 l. 8 sch. —Vente Tutet, 1786 : 21 liv. —Vente Serevens, 1800 : 14 l. 3 sch. (imparfait). — Vente Roxburgh, 1812 : 1,060 l. 10 s.
Tully, of old Ages, etc. (Traité de la Vieillesse par Cicéron.) T. I.	1481.	3	Vente Fairfax, 1756 : 2 l. 2 sch. — Vente Fletewode, 1774 : 8 liv. —Vente Askew's, 1775 : 13 liv. 13 sch.
Virgil's Æneid. (L'Énéide de Virgile.) T. I.	1490.	4	Vente Fairfax, 1756 : 2 l. 10 sch.
Work of Sapience. (Livre de Sagesse.) T. I.	sans date.	4	Vente Wyllet, 194 l. 5 s.

Imprimerie de Vᵉ DONDEY-DUPRÉ, rue Saint-Louis 46, au Marais.